«9Marks, como ministerio, ha tomado la enseñanza básica de la Biblia acerca de la iglesia y la ha puesto en las manos de los pastores. Bobby, a través de estas guías de estudio, ha tomado esta enseñanza y la ha entregado a la persona sentada en el banco de la iglesia. No conozco ninguna otra herramienta que ayude —de forma tan completa y práctica— a los cristianos a entender el plan de Dios para la iglesia local. Estoy deseando usar estos estudios en mi propia congregación».

Jeramie Rinne, Pastor principal, *South Shore Baptist Church*, Hingham, Massachusetts

«Bobby Jamieson ha hecho un servicio increíble a los pastores de las iglesias locales al escribir estas guías de estudio. Claras, bíblicas y prácticas, dan una introducción a la base bíblica de una iglesia sana. Pero lo más importante es que equipan y desafían a los miembros de la iglesia a ser parte del proceso de mejora de la salud de su propia iglesia. Los estudios se pueden hacer de forma individual, en grupos pequeños, y con grupos más grandes. Los usé el año pasado en mi propia iglesia y he apreciado lo fácil que ha sido adaptarlos a la realidad de mi congregación. No conozco nada parecido. ¡Altamente recomendable!».

Michael Lawrence, Pastor principal, *Hinson Baptist Church*, autor de *Biblical Theology in the Life of the Church*

«Este es un estudio bíblico verdaderamente enraizado en la Biblia e implica estudiar de verdad. En la serie *Guías de estudio 9Marks de una iglesia sana*, se ha establecido un nuevo estándar para el descubrimiento teológico y la correspondiente aplicación personal. Una rica exposición, preguntas convincentes y síntesis claras se combinan para hacer una visita guiada a la eclesiología (la teología de la iglesia). No conozco mejor currículo que este para generar entendimiento e implicación en la iglesia. Será un recurso bienvenido en nuestra iglesia durante los próximos años».

Rick Holland, Pastor principal, *Mission Road Bible Church*, Prairie Village, Kansas

«En los Estados Unidos tenemos hoy las iglesias más grandes de la historia de nuestra nación, pero el menor impacto para el reino de Cristo. Un marketing hábil y unas declaraciones de visión finamente pulidas son un fundamento de arena. La serie *Guías de estudio 9Marks de una iglesia sana* es una alternativa refrescante a los típicos materiales de crecimiento de iglesias, que lleva a un estudio profundo de la Palabra de Dios, que equipará al pueblo de Dios con su visión para su iglesia. Estas guías de estudio llevarán a las congregaciones locales a abandonar las metodologías seculares de crecimiento y en su lugar confiar en los principios de Cristo para desarrollar asambleas sanas que honren a Dios».

Carl J. Broggi, Pastor principal, *Community Bible Church*, Beaufort, Carolina del Sur; Presidente, *Search the Scriptures Radio Ministry*

«Cualquiera que ame a Jesús amará lo que Jesús ame. La Biblia enseña claramente que Jesús ama a la iglesia. Él conoce y cuida a las iglesias individualmente y quiere que sean espiritualmente sanas y vibrantes. Jesús no solo dio su vida por la Iglesia, sino que también ha dado muchas instrucciones en su Palabra con respecto a cómo las iglesias deben vivir y funcionar en el mundo. Esta serie de estudios bíblicos de 9Marks muestra cómo la Escritura enseña estas cosas. Cualquier cristiano que trabaje estos materiales —preferiblemente con otros creyentes— verá de una manera fresca la sabiduría, el amor y el poder de Dios para establecer la iglesia en la tierra. Estos estudios son bíblicos, prácticos y accesibles. Recomiendo altamente este plan de estudio como una herramienta útil que ayudará a cualquier iglesia a abrazar su llamado para mostrar la gloria de Dios a un mundo que observa».

Thomas Ascol, Pastor principal, *Grace Baptist Church of Cape Coral,* Florida; Director Ejecutivo, *Founders Ministries*

GUÍAS DE ESTUDIO 9MARKS DE UNA IGLESIA SANA

Edificada sobre la roca: La Iglesia

Oyendo la Palabra de Dios: La predicación expositiva

Toda la verdad acerca de Dios: La teología bíblica

La buena noticia de Dios: El evangelio

Un cambio verdadero: La conversión

Alcanzando a los perdidos: La evangelización

Comprometiéndonos unos con otros: La membresía de la iglesia

Guardándonos unos a otros: La disciplina en la iglesia

Creciendo juntos: El discipulado en la iglesia

Guiándonos unos a otros: El liderazgo de la iglesia

EDIFICANDO IGLESIAS SANAS

EDIFICADA
SOBRE LA ROCA:
LA IGLESIA

GUÍAS DE
ESTUDIO DE
UNA IGLESIA
SANA

Bobby Jamieson
Mark Dever, Editor General
Jonathan Leeman, Director de Edición

ÍNDICE

INTRODUCCIÓN

¿Qué significa la iglesia local para ti? Quizá ames a tu iglesia. Amas a la gente. Te encanta la predicación y los cánticos. Estás deseando asistir el domingo, y tienes comunión con otros miembros de la iglesia a lo largo de la semana. Tal vez tu iglesia sea solo un lugar en el que apareces un par de veces al mes. Llegas tarde a escondidas, y te marchas antes de tiempo.

En 9Marks estamos convencidos de que la iglesia local es donde Dios quiere mostrar su gloria a las naciones. Y queremos ayudarte a captar esta visión, junto con tu iglesia entera.

Las *Guías de estudio 9Marks de una iglesia sana* son una serie de estudios de seis o siete semanas sobre cada una de las «nueve marcas de una iglesia sana», más un estudio introductorio. Estas nueve marcas son las convicciones esenciales de nuestro ministerio. Para proveer una rápida introducción a ellas, hemos incluido un capítulo del libro de Mark Dever *¿Qué es una iglesia sana?* en cada estudio. No pretendemos que estas nueve marcas sean las cosas más importantes acerca de la iglesia o que sean las únicas cosas importantes sobre la iglesia. Pero sí creemos que son bíblicas y por tanto útiles para las iglesias.

Así que, en estos estudios, vamos a trabajar los fundamentos bíblicos y las aplicaciones prácticas de cada marca. Los diez estudios son:

- *Edificada sobre la roca: La Iglesia (un estudio introductorio)*
- *Oyendo la Palabra de Dios: La predicación expositiva*
- *Toda la verdad acerca de Dios: La teología bíblica*
- *La buena noticia de Dios: El evangelio*
- *Un cambio verdadero: La conversión*
- *Alcanzando a los perdidos: La evangelización*
- *Comprometiéndonos unos con otros: La membresía de la iglesia*
- *Guardándonos unos a otros: La disciplina en la iglesia*
- *Creciendo juntos: El discipulado en la iglesia*
- *Guiándonos unos a otros: El liderazgo de la iglesia*

Cada uno de estos estudios analiza en profundidad uno o más pasajes de la Escritura y considera cómo aplicarlos a la vida de tu congregación. Esperamos que sean igualmente apropiados para la escuela dominical, los grupos pequeños, y otros contextos donde un grupo de entre dos y doscientas personas puedan reunirse y estudiar la Palabra de Dios.

Estos estudios se basan principalmente en la observación, en la interpretación, y en preguntas de aplicación, así que ¡prepárate para hablar! También esperamos que estos estudios proporcionen oportunidades para que las personas reflexionen juntas sobre sus experiencias en la iglesia, cualesquiera que sean.

El estudio que tienes en tus manos se llama *Edificada sobre la roca* porque Jesús prometió edificar su iglesia sobre la «roca» de personas como Pedro cuando confiesan que él es el Mesías. No solo eso, Jesús prometió que la iglesia prevalecería contra las puertas del infierno (Mt. 16:16-18). ¡Está claro que la iglesia es importante para Jesús, y debería serlo también para nosotros! Es por ello que este estudio trabaja siete aspectos bíblicos de la iglesia. Al considerar estos siete conceptos bíblicos, descubriremos una visión panorámica de la iglesia. ¿Qué es la iglesia? ¿Por qué Jesús estableció la iglesia? ¿De qué manera la iglesia encaja en los planes de Dios revelados en la Escritura? ¿Por qué es la iglesia importante? ¿Importa si soy miembro o no? ¿Cómo debería ser la vida en la iglesia?

¿Estás listo?

LO QUE UNA IGLESIA ES...
Y LO QUE NO ES

POR MARK DEVER

Adaptado del capítulo 2 de ¿Qué es una iglesia sana?

¿Qué es una iglesia? Es una pregunta difícil. Y los cristianos de hoy buscan toda clase de cosas diferentes en sus iglesias.

UNA CONVERSACIÓN INCÓMODA

Recuerdo una conversación que tuve durante mis estudios de postgrado con un amigo que trabajaba para un ministerio cristiano, el cual no estaba afiliado a ninguna iglesia. Él y yo asistimos a la misma iglesia por unos años. Yo me hice miembro de la iglesia, pero él no. De hecho, él solo venía a la reunión de los domingos por la mañana, entrando como a la mitad, justo para el sermón.

Un día decidí preguntarle sobre su asistencia poco entusiasta. «La verdad es que no obtengo nada del resto de la reunión», contestó.

Yo le pregunté, «¿alguna vez has pensado en unirte a la iglesia?».

Pareció genuinamente sorprendido por mi pregunta y respondió, «¿Unirme a la iglesia? Honestamente, no sé por qué tendría que hacer eso. Sé para qué estoy aquí, y esas personas solo me ralentizarían».

Por lo que pude ver, él no decía esas palabras con desprecio, sino con el celo genuino de un evangelista talentoso que no quería perder una hora del tiempo del Señor. Él había pensado sobre lo que buscaba en una iglesia, y en general esto no incluía a los otros miembros de la iglesia, por lo menos no de esa iglesia. Quería un lugar donde pudiera escuchar una buena predicación de la Palabra de Dios y así obtener su impacto espiritual para la semana.

Sus palabras resonaban en mi mente; «esas personas solo me ralentizarían». Había algunas cosas que quería decir, pero todo lo que dije fue, «¿Alguna vez pensaste que si te unes a esas personas, sí, puede que te ralenticen, pero podrías ayudar para que vayan más rápido? ¿No has pensado que eso podría ser parte del plan de Dios para ellos, y para ti?».

Yo también quería una iglesia donde pudiera escuchar una buena predicación cada domingo, pero las palabras «cuerpo de Cristo» significan más que solo eso, ¿no?

UN PUEBLO, NO UN LUGAR

La iglesia no es un lugar. No es un edificio. No es un punto de predicación. No es un proveedor de servicios espirituales. Es un pueblo; el nuevo pacto, el pueblo de Dios comprado con sangre. Por eso Pablo dijo, «Cristo amó a la iglesia, y se entregó a sí mismo por ella» (Ef. 5:25). Él no se entregó por un lugar sino por un pueblo.

Es por eso que la iglesia que pastoreo no inicia sus reuniones de los domingos por la mañana diciendo, «Bienvenidos a *Capitol Hill Baptist Church*», sino «Bienvenidos a esta reunión de *Capitol Hill Baptist Church*». Somos un pueblo que se reúne. Sí, es un detalle, pero tratamos de apuntar a una gran realidad aun con las palabras que usamos para dar la bienvenida a las personas.

Recordar que la iglesia es un pueblo nos debería ayudar a reconocer lo que es importante y lo que no lo es. Sé que necesito ayuda. Por ejemplo, tengo la tentación de permitir que algo como el estilo de la música determine mi percepción de una iglesia. Al fin y al cabo, el estilo de música de una iglesia es una de las primeras cosas que observaremos sobre cualquier iglesia, y tendemos a responder a la música a un nivel muy emocional. La música nos hacer sentir de una cierta manera. No obstante, ¿qué dice de mi amor por Cristo y por el pueblo de Dios si decido dejar una iglesia por su estilo de música? ¿O si, cuando pastoreo una iglesia, margino a una mayoría de mi congregación porque pienso que el estilo de la música necesita ser actualizado? Por lo menos podríamos decir que he olvidado que la iglesia es, fundamentalmente, un pueblo y no un lugar.

Al mismo tiempo, la Biblia enseña que los cristianos deberían preocuparse mucho por lo que sucede en una iglesia; lo que hace. De hecho, la última mitad de este libro está dedicada a este tema.

¿Cómo equilibramos estas dos cosas; preocuparnos por un pueblo pero también por lo que hace? Si este fuera un libro acerca de la edificación de familias cristianas, hablaríamos sobre hacer ciertas cosas: cenar juntos, leer la Escritura juntos, reír juntos, orar unos por otros, y así sucesivamente. Sin embargo, a lo largo de la conversación, todos recordaríamos que los padres cometen errores y que los niños son niños. La familia no es solo una institución; es un grupo de personas. Lo mismo sucede con una iglesia. ¿Fracasa una iglesia particular en cumplir tus expectativas en términos de lo que hace, en cuanto a lo que la Biblia dice acerca del liderazgo de la iglesia (un tema que trataré más tarde)? Si es así, recuerda que se trata de un grupo de personas que todavía está creciendo en gracia. Ámales. Sírveles. Sé paciente con ellos. Una vez más, piensa en una familia. Cada vez que tus padres, hermanos o hijos fallan en cumplir tus expectativas, ¿los echas repentinamente de la familia? Espero que los perdones y seas paciente con ellos. ¡Puedes incluso detenerte a considerar si son tus expectativas las que deberían ser ajustadas! Del mismo modo, deberíamos preguntarnos si sabemos amar y perseverar con los miembros de la iglesia que tienen diferentes opiniones, los que no cumplen las expectativas, o incluso los que pecan contra nosotros. ¿No tenemos tú y yo pecados que necesitan ser perdonados?

En algún lugar, por supuesto, hay un límite. Hay algunas iglesias a las que no deberías unirte, o pastorear, o permanecer vinculado a ellas. Volveremos a esta pregunta en la sección de las marcas esenciales de una iglesia. Por el momento, el principio básico sigue siendo el mismo: la iglesia es un pueblo. Y sea lo que sea que estemos buscando, o lo que sea que digamos que una iglesia debería ser, debe ser guiado por este principio bíblico básico.

PERSONAS, NO UNA ESTADÍSTICA

Permíteme poner un obstáculo más en el camino del mal pensamiento acerca de la iglesia, una forma de pensar común entre los pastores. No solo la iglesia no es un lugar, sino que tampoco es una estadística.

Cuando estudiaba mi postgrado recuerdo que encontré una carta de consejería escrita por John Brown, un pastor del siglo diecinueve, a uno de sus estudiantes que recién había sido ordenado para pastorear una congregación pequeña. En la carta Brown escribió:

> Conozco la vanidad de tu corazón, y que te sentirás mortificado porque tu congregación es muy pequeña en comparación con las de tus hermanos de alrededor, pero ten por segura la palabra de un hombre anciano, que cuando vayas a rendir cuentas de ellos al Señor Jesucristo, en el asiento de su juicio, pensarás que tuviste suficiente.[1]

Al considerar la congregación que Dios me había encargado, sentí el peso de ese día de rendición de cuentas ante Dios. ¿Quería que la iglesia que pastoreaba fuese grande? ¿Popular y muy renombrada? ¿Una iglesia que en cierta manera fuese impresionante?

¿Estaba motivado de alguna forma a solo «soportar» o «tolerar» al grupo de personas que estaba frente a mí, a esperar con paciencia oportunidades para hacer que la iglesia fuese lo que pensaba que debería ser? No es que tener deseos para el futuro de una iglesia sea algo malo, pero ¿estaban mis deseos llevándome a ser indiferente, incluso a sentirme molesto, con los santos que estaban a mi alrededor?

¿O recordaría lo que estaba en juego para muchas almas, la mayoría ancianos, sentados frente a mí los domingos por la mañana en una sala lo suficientemente grande para 800 personas? ¿Amaría y serviría a estos pocos, aun si sus comités no bíblicos, y sus tradiciones anticuadas, y las selecciones musicales que no prefería se interpusieran en el camino de mis deseos —legítimos en mi opinión— para la iglesia? Y sé que no son solo los pastores quienes caen en «tolerar» a las personas que están a su alrededor, esperando pacientemente hasta que la iglesia se convierta en lo que imaginaron que podía ser.

La iglesia es un pueblo, no un lugar o una estadística. Es un cuerpo unido en aquel que es la cabeza. Es una familia unida por la adopción a través de Cristo.

Oro para que nosotros los pastores reconozcamos más y más nuestra impresionante responsabilidad por los rebaños particulares sobre los que Dios nos ha puesto como pastores delegados.

Pero también oro para que tú, cristiano, ya seas un anciano o un niño en la fe, reconozcas más tu responsabilidad de amar, servir, animar, y sentirte responsable por el resto de tu familia de la iglesia. Cuando se trata de tus hermanos de carne y sangre, confío en que ya reconozcas aquello en lo que Caín se equivocó cuando le dijo al Señor, «¿Soy yo acaso guarda de mi hermano?». Pero aun más, espero que reconozcas, si no lo has hecho ya, tu mayor responsabilidad en cuanto a los hermanos y hermanas de tu familia de la iglesia.

> Y la gente que estaba sentada alrededor de él le dijo: Tu madre y tus hermanos están afuera, y te buscan. Él les respondió diciendo: ¿Quién es mi madre y mis hermanos? Y mirando a los que estaban sentados alrededor de él, dijo: He aquí mi madre y mis hermanos. Porque todo aquel que hace la voluntad de Dios, ése es mi hermano, y mi hermana, y mi madre. (Mr. 3:32-35)

SEMANA 1
EL PUEBLO DE DIOS

PARA EMPEZAR

Alyssa es una mujer soltera de treinta y dos años que es miembro de tu iglesia. Por su apariencia, Alyssa sería una gran esposa y madre, y ella desea profundamente casarse y comenzar una familia. El Sr. Adecuado no ha llegado todavía, pero ella sigue esperanzada. Un día, descubres que ella está viendo a alguien. Cuando le preguntas al respecto, la conversación revela que él no es creyente. Ella sabe que la Biblia se opone a esto, pero está cansada de esperar. Las cosas cada vez van más en serio, e incluso están hablando acerca del matrimonio.

1. *¿Qué haces cuando descubres acerca de la relación de Alyssa?*

2. *¿Crees que la iglesia debería hacer algo al respecto? ¿Es la labor de los miembros de la iglesia involucrarse en la vida privada de las personas?*

INDEPENDENCIA Y AUTONOMÍA

En el mundo occidental moderno nos gusta pensar que no dependemos de nadie y que podemos hacer lo que queramos. Nos gusta pensar acerca de nosotros mismos como personas independientes y autónomas. ¿Ves cómo estas dos cosas van juntas? Nos gusta vivir libres de compromisos con otros que nos aten (independientes), para quedar liberados y hacer lo que queramos (autónomos, literalmente «que se rige por sus propias leyes»). Piensa en cómo la cultura americana glorifica al individualista resistente o al millonario que se ha hecho a sí mismo, quien llega a tener tanto poder que crea sus propias reglas.

La mayoría de las personas diría lo siguiente acerca de la relación de Alyssa, «lo que ella haga con su vida es cosa suya, y la iglesia debería permanecer fuera de ello». Pero, tal y como veremos en las Escrituras, Dios exige mucho más de nuestras vidas.

LA IDEA PRINCIPAL

A través de Jesucristo, Dios no solo salva a individuos sino que también a un *pueblo*. La iglesia es el pueblo de Dios. Esto significa que, como cristianos, no somos ni independientes ni autónomos, sino que pertenecemos a Dios y al pueblo de Dios. Por tanto, debemos someternos a la voluntad de Dios y los unos a los otros.

PROFUNDIZANDO

En Efesios 2:11-16, Pablo habla acerca de cómo nuestra salvación como individuos nos incorpora en el pueblo redimido de Dios. Entonces, en Efesios 2:17-22, Pablo escribe:

> [17] Y vino y anunció las buenas nuevas de paz a vosotros que estabais lejos, y a los que estaban cerca; [18] porque por medio de él los unos y los otros tenemos entrada por un mismo Espíritu al Padre. [19] Así que ya no sois extranjeros ni advenedizos, sino conciudadanos de los santos, y miembros de la familia de Dios, [20] edificados sobre el fundamento de los apóstoles y profetas, siendo la principal piedra del ángulo Jesucristo mismo, [21] en quien todo el edificio, bien coordinado, va creciendo para ser un templo santo en el Señor; [22] en quien vosotros también sois juntamente edificados para morada de Dios en el Espíritu.

1. *¿Qué frases usa Pablo en los versículos 17 y 19 para describir lo que éramos cuando no éramos cristianos? ¿Qué significan estas frases?*

2. *En el versículo 19, ¿qué dos frases usa Pablo para describir nuestro nuevo estado como cristianos? ¿Qué nos enseña esto acerca de lo que nos sucede cuando nos convertimos en cristianos?*

3. *Dada nuestra nueva identidad que Pablo describe en los versículos del 19 al 22, ¿deberíamos los cristianos vernos como individuos autónomos e independientes? Explica.*

En 2 Corintios 6:14-18 leemos,

¹⁴ No os unáis en yugo desigual con los incrédulos; porque ¿qué compañerismo tiene la justicia con la injusticia? ¿Y qué comunión la luz con las tinieblas?

¹⁵ ¿Y qué concordia Cristo con Belial? ¿O qué parte el creyente con el incrédulo?

¹⁶ ¿Y qué acuerdo hay entre el templo de Dios y los ídolos? Porque vosotros sois el templo del Dios viviente, como Dios dijo: Habitaré y andaré entre ellos, Y seré su Dios, Y ellos serán mi pueblo.

[17] Por lo cual, Salid de en medio de ellos, y apartaos, dice el Señor, Y no toquéis lo inmundo; Y yo os recibiré, [18] Y seré para vosotros por Padre, Y vosotros me seréis hijos e hijas, dice el Señor Todopoderoso.

4. *Haz una lista con los diferentes términos e imágenes que Pablo (citando Lv. 26:12 e Is. 52:11) usa para describir a la iglesia en relación a Dios.*

5. *En el versículo 16 Dios dice de los cristianos: «Y seré su Dios, y ellos serán mi pueblo». Los cristianos son propiedad de Dios. ¿Qué obligaciones tiene el pueblo de Dios a causa de esta relación especial con Dios? (Pista: fíjate en el «Por lo cual» en el v. 17).*

6. *¿El carácter de quién debe representar el pueblo de Dios? ¿Qué nos dice esto acerca de nuestro deseo de ser autónomos?*

7. *¿Alguna vez has pensado sobre cómo ser cristiano significa ser parte de un nuevo pueblo, el pueblo de Dios? A la luz de estos dos pasajes que hemos visto, ¿de qué manera esta verdad debería cambiar...*

    a)   *tu relación con otros cristianos?*

    b)   *tu relación con los que no son cristianos?*

8. *Si entendiéramos mejor esta idea de ser «un pueblo», ¿de qué manera afectaría esto a nuestras interacciones en la iglesia local?*

9. *Una vez que comprendemos el hecho de que, como iglesia, somos el pueblo de Dios, el resultado es ánimo y un reto. El ánimo viene de saber que somos la posesión atesorada de Dios, el pueblo que él ha amado y llamado a sí mismo de forma especial (Éx. 19:5; Ro. 1:6; 1 P. 2:9). Esto no se debe a que haya nada bueno en nosotros, sino que es por su pura gracia (Dt. 7:7-8; 2 Ti. 1:9). Además, esto significa que Dios está comprometido con ser nuestro Dios. Él estará con nosotros en el presente y un día nos llevará a vivir en una comunión perfecta con él, cara a cara (Mt. 28:20; He. 13:5; Ap. 21:3-4; 22:4).*

Por otro lado, el reto de ser el pueblo de Dios viene del hecho de que Dios nos llama a someternos, a obedecer, y a reflejar su carácter al mundo. ¿De qué formas específicas te anima el ser parte del pueblo de Dios? ¿De qué maneras te reta?

10. *Piensa nuevamente en Alyssa, desde el principio de la historia. Al ver la enseñanza bíblica de que como cristianos somos el pueblo de Dios, ¿Cómo aconsejarías a Alyssa personalmente en cuanto a su relación?*

¿Qué debería hacer la iglesia sobre la relación de Alyssa?

SEMANA 2
EL CUERPO DE CRISTO

PARA EMPEZAR

1. Imagina que te mudas a otra ciudad y no conoces a ningún cristiano allí. Tu primera tarea es encontrar una iglesia. Haz una lista de cinco a diez cosas que buscarías en una iglesia.

Muchos de nosotros tendemos a tratar la iglesia de la manera que tratamos la mayoría de cosas en la vida: como consumidores. Queremos recibir ciertos bienes y servicios que cumplan nuestros deseos (a los que llamamos algunas veces «necesidades»). Y queremos obtener estos bienes y servicios a buen precio.

Ya que actuamos como consumidores en tantas áreas de la vida, parece natural hacer lo mismo en la iglesia. Sin embargo, tal y como veremos en el siguiente estudio, la Escritura enseña que nuestra actitud hacia la iglesia debería ser justo lo opuesto.

2. ¿De qué maneras el cristianismo desafía al consumismo?

LA IDEA PRINCIPAL

La Escritura enseña que los cristianos no deberíamos acercarnos a la iglesia como consumidores, sino como miembros de un cuerpo. Esto significa que debemos comprometernos unos con otros, depender unos de otros, honrarnos unos a otros, y cuidarnos unos a otros. En todo lo que hacemos en la iglesia, no deberíamos buscar el cumplimiento de nuestros deseos sino el bien común.

PROFUNDIZANDO

En 1 Corintios 12 Pablo comienza hablando acerca de los dones espirituales, los cuales los corintios habían estado usando para servirse a sí mismos. En los primeros versículos del capítulo, Pablo les recuerda que todos sus dones son dados por el mismo Espíritu y para el bien común. Entonces, en los versículos 12-26 Pablo escribe,

[12] Porque así como el cuerpo es uno, y tiene muchos miembros, pero todos los miembros del cuerpo, siendo muchos, son un solo cuerpo, así también Cristo.

[13] Porque por un solo Espíritu fuimos todos bautizados en un cuerpo, sean judíos o griegos, sean esclavos o libres; y a todos se nos dio a beber de un mismo Espíritu.

[14] Además, el cuerpo no es un solo miembro, sino muchos.

[15] Si dijere el pie: Porque no soy mano, no soy del cuerpo, ¿por eso no será del cuerpo?

31

[16] Y si dijere la oreja: Porque no soy ojo, no soy del cuerpo, ¿por eso no será del cuerpo? [17] Si todo el cuerpo fuese ojo, ¿dónde estaría el oído? Si todo fuese oído, ¿dónde estaría el olfato? [18] Mas ahora Dios ha colocado los miembros cada uno de ellos en el cuerpo, como él quiso. [19] Porque si todos fueran un solo miembro, ¿dónde estaría el cuerpo? [20] Pero ahora son muchos los miembros, pero el cuerpo es uno solo. [21] Ni el ojo puede decir a la mano: No te necesito, ni tampoco la cabeza a los pies: No tengo necesidad de vosotros. [22] Antes bien los miembros del cuerpo que parecen más débiles, son los más necesarios; · [23] y a aquellos del cuerpo que nos parecen menos dignos, a éstos vestimos más dignamente; y los que en nosotros son menos decorosos, se tratan con más decoro. [24] Porque los que en nosotros son más decorosos, no tienen necesidad; pero Dios ordenó el cuerpo, dando más abundante honor al que le faltaba, [25] para que no haya desavenencia en el cuerpo, sino que los miembros todos se preocupen los unos por los otros. [26] De manera que si un miembro padece, todos los miembros se duelen con él, y si un miembro recibe honra, todos los miembros con él se gozan.

Cuando Pablo escribe en el versículo 13 que todos fuimos bautizados en un cuerpo, nos enseña que todos nosotros estamos unidos a Cristo y unos a otros. Esta profunda unidad que tenemos con Cristo, en otras palabras, es también el fundamento de nuestra unidad unos con otros.

Mientras que el lenguaje de Pablo en los versículos 12 y 13 se refiere de forma más natural a la Iglesia universal —esto es, la totalidad del pueblo de Dios a lo largo de la historia—, el resto del pasaje se refiere claramente a relaciones concretas en la iglesia local. Esto encaja perfectamente ya que, según todo el Nuevo Testamento, la membresía en la iglesia local es cómo «nos vestimos» y testificamos de nuestra membresía en la Iglesia universal.

Por ejemplo, piensa en la manera en que el Nuevo Testamento describe la relación entre la posición justa que tenemos en Cristo y nuestra necesidad de «vestirnos» de acciones justas. *Somos* justos en Cristo, y demostramos esto cuando nos esforzamos para vivir vidas justas (véase especialmente Ro. 6:1-14; Col. 3:9-10).

Nuestra membresía en la iglesia es igual. Como cristianos, *somos* miembros de la Iglesia universal de Cristo, y «nos vestimos» de esa membresía a través de la membresía en una iglesia local. Así, una implicación de este pasaje de la Escritura es que todos los cristianos deberíamos, por definición, ser miembros de iglesias locales.

1. *¿Cuál es la metáfora general que usa Pablo para describir la iglesia a lo largo de este pasaje?*

2. *¿Qué dicen «el pie» y «el oído» en los versículos 15 y 16? ¿Qué actitud o sentimiento expresa esto?*

3. *En los versículos 17 al 20, Pablo destaca dos puntos sobre «el ojo» y «el oído». ¿Cuáles son?*

4. *Lee los versículos 19-20. Si eres tentado a pensar como «el pie» y «el oído», ¿de qué maneras te animan estos versículos?*

5. *¿Qué dicen «el ojo» y «la cabeza» en el versículo 21? ¿Qué actitud expresan?*

6. *¿Cuáles son los dos puntos principales de la respuesta de Pablo al «ojo» y a la «cabeza» (v. 22-25)?*

7. *¿Qué dice Pablo sobre las partes del cuerpo que parecen ser más débiles (v. 22)? A la luz de esto, ¿cómo deberíamos tratar a los miembros de la iglesia que no nos parecen muy impresionantes?*

8. *Según el versículo 25, Dios parece tener dos objetivos para ordenar las partes del modo que lo hace. ¿Cuáles son? ¿Qué ejemplo da en el versículo 26 para ilustrar estas cosas?*

9. *A la luz de este pasaje, ¿de qué forma está equivocado un «cristiano llanero solitario», que trata de vivir su discipulado con Cristo independiente de otros?*

10. *Volviendo al versículo 7, Pablo articula una prioridad a la que vuelve una y otra vez.* Él escribe, «a cada uno le es dada la manifestación del Espíritu para provecho». *En el 14:12 dice, «pues que anheláis dones espirituales,* procurad abundar en ellos para edificación de la iglesia». *Y luego dice de nuevo en el 14:26 «Hágase todo para* edificación».

Esto es exactamente lo opuesto a una mentalidad consumista. Los consumidores buscan cumplir sus deseos. Los cristianos, por otro lado, son llamados a edificar a otros y a buscar el bien común.

¿De qué maneras prácticas podemos rechazar el consumismo y buscar el bien común en relación a:

a) Las reuniones colectivas de la iglesia?

b) Escuchar sermones?

c) Miembros con más edad en la iglesia?

d) Madres jóvenes?

e) Viudos/as?

f) Solteros/as?

Si necesitas comenzar a reflexionar sobre aspectos específicos, considera que, según Pablo, debemos honrar (vv. 23-24), cuidar (v. 25), sufrir (v. 26), y regocijarnos (v. 26) con otros miembros del cuerpo.

11. *Vuelve a la lista de cosas que hiciste al principio de este estudio, sobre lo que buscarías en una iglesia. ¿Hay alguna cosa que ahora cambiarías?*

SEMANA 3
EL TEMPLO DEL ESPÍRITU

PARA EMPEZAR

Las personas dan todo tipo de razones para no unirse a una iglesia:

- «La iglesia solo quiere mi dinero».
- «Estoy demasiado ocupado para ser miembro de una iglesia».
- «¿Por qué debería unirme a una iglesia si no sé si estaré viviendo aquí en cinco o diez años?».
- «La membresía es solo un formalismo innecesario. Lo que importa es que estoy sirviendo en la iglesia».

1. *¿Qué otras razones has oído de parte de la gente para no unirse a una iglesia? ¿Algunas razones que tú mismo hayas dado?*

2. *¿Qué diferencia marca el hecho de que un cristiano sea miembro de una iglesia?*

LA IDEA PRINCIPAL

La iglesia es el templo del Espíritu Santo; la morada unida, creciente y santa de Dios. Por tanto, cada cristiano debería ser miembro de una iglesia y debería buscar la unidad, la santidad, y el crecimiento de la iglesia.

PROFUNDIZANDO

En Efesios 2, Pablo proclama con gozo las riquezas de la gracia salvadora de Dios en Cristo. En los primeros diez versículos, Pablo enseña que somos salvos de manera individual por la gracia de Dios por medio de la fe en Cristo, no por obras. En el resto del capítulo, Pablo explica que a través de Cristo, los gentiles y los judíos ahora constituyen un nuevo pueblo.

En Efesios 2:19-22, Pablo profundiza acerca de esta nueva unidad que los judíos y los gentiles tienen en Cristo:

[19] Así que ya no sois extranjeros ni advenedizos, sino conciudadanos de los santos, y miembros de la familia de Dios, [20] edificados sobre el fundamento de los apóstoles y profetas, siendo la principal piedra del ángulo Jesucristo mismo, [21] en quien todo el edificio, bien coordinado, va creciendo para ser un templo santo en el Señor; [22] en quien vosotros también sois juntamente edificados para morada de Dios en el Espíritu.

1. *Haz una lista de las diferentes ilustraciones y metáforas que Pablo usa en estos versos para describir la unidad que judíos y gentiles tienen en Cristo (algunas se solapan):*

En este estudio nos enfocaremos completamente en la última metáfora que Pablo usa; la iglesia es el templo, la morada de Dios. Bajo el antiguo pacto, el templo era el lugar donde Dios hacía sentir su presencia. Era el lugar con el que Dios se identificaba públicamente. Y era el lugar donde las personas iban a adorar y a ofrecer los sacrificios que mantenían sus relaciones con Dios. Ahora, a través de la muerte y resurrección de Cristo, Cristo mismo se convirtió en el templo. Él es el «lugar» donde la ira de Dios fue propiciada y donde las personas son reconciliadas con Dios (véase Jn. 2:19-21). No solo eso, todo el que está unido a Cristo por la fe se convierte en templo de Dios. El Espíritu Santo mora en nosotros y Dios se identifica públicamente con su iglesia.

2. *¿Cuál es el «fundamento» que Pablo describe en el versículo 20? ¿Por qué es este fundamento esencial para la vida y la salud de la iglesia?*

3. *En el versículo 21, Pablo describe a todo el pueblo de Dios cuando dice que «todo el edificio, bien coordinado, va creciendo para ser un templo santo en el Señor».* Esto significa que ahora, todo el pueblo de Dios es *la morada de Dios, en la cual* él un día vivirá de manera perfecta y permanente *(véase Ap. 21:3-4; 21:22).*

En el versículo 22 Pablo dice «vosotros también» —refiriéndose a la iglesia en Éfeso— «sois juntamente edificados para morada de Dios en el Espíritu». Esto significa que la iglesia local *es un templo de Dios unido y conjuntamente edificado. Todos sus miembros están unidos, engranados unos con otros y con Cristo como piedra angular (v. 20).*

¿Crees que un cristiano vive conforme a su realidad si él o ella no es miembro de una iglesia local? ¿Por qué y por qué no?

4. *Si hablaras con un cristiano que pensara que él o ella no necesita unirse a una iglesia, ¿cómo usarías este pasaje para animar a esta persona a que se haga miembro de una iglesia sana que predica el evangelio?*

5. *Cuando Pablo escribe que los efesios son «juntamente edificados para morada de Dios en el Espíritu» (Ef. 2:22), es probable que se refiera tanto al crecimiento numérico como al espiritual. Las personas se convierten en cristianas, y todas crecen en santidad y madurez.*

¿A través de qué medios tiene lugar este crecimiento? (Siéntete libre de consultar otros pasajes del Nuevo Testamento, como Hechos 2:41 y Efesios 4:15-16).

6. *Según el versículo 22, ¿quién edifica el templo que es la iglesia?*

7. *¿En quién lo edifica?*

8. *¿Para quién lo edifica?*

9. *¿Por qué deberían estos tres últimos puntos animar a los cristianos?*

10. *En 1 Corintios 3:16-17 Pablo escribe, «¿No sabéis que sois templo de Dios, y que el Espíritu de Dios mora en vosotros? Si alguno destruyere el templo de Dios, Dios le destruirá a él; porque el templo de Dios, el cual sois vosotros, santo es».*

Y una vez más en Efesios 2:21 Pablo escribe que la iglesia crece «para ser un templo santo en el Señor».

La iglesia es un templo santo, porque Dios la posee y porque el Espíritu Santo mora en sus miembros. ¿De qué manera la identidad de la iglesia como el templo santo de Dios debería impactar:

a) cómo una iglesia recibe a miembros nuevos?

b) el hecho de si una iglesia debe supervisar activamente las vidas de sus miembros?

c) cómo una iglesia debería responder a un miembro que rechaza arrepentirse del pecado?

11. *Ya que la iglesia crece para convertirse en un templo santo, la iglesia también ha sido llamada a crecer en santidad (v. 21). ¿De qué manera este mandato para la santidad debería impactar:*
a) Las cosas de las que hablamos cuando nos reunimos con otros miembros de la iglesia?

b) Nuestra forma de escuchar los sermones?

c) Lo que buscamos en las reuniones colectivas de la iglesia?

d) Lo que deseamos obtener de las reuniones colectivas de la iglesia?

e) Nuestra forma de responder cuando otros pecan contra nosotros?

SEMANA 4
LA IGLESIA VIVA

PARA EMPEZAR

1. *¿Alguna vez estuviste en una iglesia donde parecía extraño que alguien creciera como cristiano?*

En algunas iglesias, parece haber poca expectativa sobre el hecho de que las personas crezcan en el conocimiento de Cristo, en la obediencia y en compartir el evangelio con otros. En vez de esto, las vidas de los miembros están en un piloto automático espiritual. El cristianismo es una etiqueta social en lugar de una fe vibrante y activa. Tristemente, estas iglesias son muy comunes. Pero esta clase de religión nominal y estancada no debería caracterizar a una iglesia. El Nuevo Testamento presenta la imagen opuesta.

LA IDEA PRINCIPAL

La iglesia es un organismo vivo compuesto de cristianos espiritualmente vivos y en crecimiento. Por tanto, los miembros de las iglesias locales deberían animar y equipar a otros miembros esperando que estos crezcan espiritualmente.

PROFUNDIZANDO

Para comprender la naturaleza de la iglesia como un organismo vivo, lleno del Espíritu, necesitamos entender la historia de las relaciones de Dios con su pueblo. Cuando Dios libertó a Israel de la esclavitud en Egipto, le dio su ley. Sin embargo, por siglos Israel desobedeció la ley de Dios, dándole la espalda y sirviendo a dioses falsos. Al final Dios los castigó expulsándolos de la tierra que les había dado. Pero en Jeremías 31:31-34 Dios dice,

31 He aquí que vienen días, dice Jehová, en los cuales haré nuevo pacto con la casa de Israel y con la casa de Judá. 32 No como el pacto que hice con sus padres el día que tomé su mano para sacarlos de la tierra de Egipto; porque ellos invalidaron mi pacto, aunque fui yo un marido para ellos, dice Jehová. 33 Pero este es el pacto que haré con la casa de Israel después de aquellos días, dice Jehová: Daré mi ley en su mente, y la escribiré en su corazón; y yo seré a ellos por Dios, y ellos me serán por pueblo. 34 Y no enseñará más ninguno a su prójimo, ni ninguno a su hermano, diciendo: Conoce a Jehová; porque todos me conocerán, desde el más pequeño de ellos hasta el más grande, dice Jehová; porque perdonaré la maldad de ellos, y no me acordaré más de su pecado.

1. *¿De qué formas este nuevo pacto difiere del antiguo?*

2. *En Lucas 22:20, Jesús explica que su muerte sacrificial trae este nuevo pacto, sobre el cual Jeremías habló. La iglesia, entonces, es el pueblo del nuevo pacto. Estamos unidos a Cristo por fe, nuestros pecados han sido perdonados, conocemos al Señor, y tenemos la ley de Dios escrita en nuestros corazones para que podamos obedecerla por el poder del Espíritu de Dios.*

a) Dadas las realidades del nuevo pacto, ¿qué está mal cuando decimos que alguien puede ser cristiano sin crecer nunca espiritualmente?

b) ¿Significa esto que cada día de nuestras vidas cristianas estará marcado por un crecimiento dramático y notorio? Explica.

Los pasajes del Nuevo Testamento que hablan sobre la disciplina en la iglesia nos enseñan a esperar que no todo el que profesa el nombre de Cristo en la iglesia es necesariamente cristiano. Al mismo tiempo, vemos a lo largo del Nuevo Testamento que la iglesia es un cuerpo vivo en crecimiento:

- En 1 Pedro 2:5, Pedro escribe: «vosotros también, como piedras vivas, sed edificados como casa espiritual y sacerdocio santo, para ofrecer sacrificios espirituales aceptables a Dios por medio de Jesucristo».

- En Efesios 4:16 Pablo escribe: «de quien todo el cuerpo, bien concertado y unido entre sí por todas las coyunturas que se ayudan mutuamente, según la actividad propia de cada miembro, recibe su crecimiento para ir edificándose en amor».

3. *En estos dos pasajes, ¿qué esperan Pedro y Pablo de cada miembro?*

4. *¿Notas algo más acerca de la naturaleza de este crecimiento? ¿Se produce separado de otros cristianos?*

Hemos visto que el nuevo pacto de Dios crea una iglesia compuesta de cristianos genuinos que crecen. Ahora, pasaremos el resto de este estudio enfocados en la imagen de una iglesia viva en crecimiento, la cual Pablo expone en 1 Tesalonicenses 1:2-10:

[2] Damos siempre gracias a Dios por todos vosotros, haciendo memoria de vosotros en nuestras oraciones, [3] acordándonos sin cesar delante del Dios y Padre nuestro de la obra de vuestra fe, del trabajo de vuestro amor y de vuestra constancia en la esperanza en nuestro Señor Jesucristo. [4] Porque conocemos, hermanos amados de Dios, vuestra elección; [5] pues nuestro evangelio no llegó a vosotros en palabras solamente, sino también en poder, en el Espíritu Santo y en plena certidumbre, como bien sabéis cuáles fuimos entre vosotros por amor de vosotros. [6] Y vosotros vinisteis a ser imitadores de nosotros y del Señor, recibiendo la palabra en medio de gran tribulación, con gozo del Espíritu Santo, [7] de tal manera que habéis sido ejemplo a todos los de Macedonia y de Acaya que han creído. [8] Porque partiendo de vosotros ha sido divulgada la palabra del Señor, no sólo en Macedonia y Acaya, sino que también en todo lugar vuestra fe en Dios se ha extendido, de modo que nosotros no tenemos necesidad de hablar nada; [9] porque ellos mismos cuentan de nosotros la manera en que nos recibisteis, y cómo os convertisteis de los ídolos a Dios, para servir al Dios vivo y verdadero, [10] y esperar de los cielos a su Hijo, al cual resucitó de los muertos, a Jesús, quien nos libra de la ira venidera.

5. *¿Cómo respondieron los tesalonicenses cuando Pablo les predicó el evangelio (vv. 6, 9)?*

6. *¿Podrías resumir la diferencia entre un verdadero cristiano que escucha el mensaje del evangelio y un cristiano nominal? (Un cristiano nominal es uno que lo es solo de nombre).*

7. *¿Al poder de quién atribuye Pablo su respuesta al evangelio (vv. 5-6)? ¿Por qué no deja esto espacio para la jactancia?*

8. *Pablo observa que los tesalonicenses recibieron el evangelio «en medio de gran tribulación». ¿De qué manera da esto testimonio de la genuinidad de su fe (v. 6)?*

9. *La fe en Cristo de los tesalonicenses, ¿a qué les lleva (vv. 3, 8-10)?*

10. *Supón que tu propia profesión de fe pareciera la de un cristiano nominal. Hay una falta de convicción, una falta de gozo, y no hay un alejamiento de los ídolos. ¿Qué deberías hacer?*

Vimos en Jeremías 31, Efesios 4 y 1 Tesalonicenses 1 que la Escritura enseña que las iglesias deben ser cuerpos vivos, llenos de cristianos genuinos que crecen. A la luz de esto, nosotros como miembros de iglesia deberíamos esperar que otros miembros de la iglesia crezcan espiritualmente y deberíamos animarles en ese crecimiento.

11. *¿De qué manera la expectativa de crecimiento espiritual de los miembros debería moldear:*

* El propósito de las reuniones de grupos pequeños?

* Lo que haces los sábados por la noche en preparación para el domingo?

* La manera en que los ancianos u otros líderes pastorean la iglesia?

* Las conversaciones que tienen lugar después de la iglesia?

* La manera en que se desarrolla la vida de la iglesia durante la semana? ¿De qué modo estas lecciones acerca del crecimiento colectivo se traducen durante el resto de la semana?

53

12. *¿Cómo podrías motivar el crecimiento espiritual en miembros de la iglesia que:*

• Tienen dificultades financieras?

• Están ocupados y son presionados por el trabajo?

• Están desbordados en casa con hijos pequeños?

• Están físicamente enfermos?

• Están enfrentándose con la muerte de un ser querido, como un(a) esposo(a) o hijo(a)?

• Tienen dones en su conocimiento y habilidad para enseñar la Biblia?

LA IGLESIA QUE CRECE

PARA EMPEZAR

1. *¿Alguna vez has conocido (¡o sido!) a un cristiano que haya reconocido ser un llanero solitario? (Un cristiano llanero solitario es alguien que cree que crecer como cristiano es un asunto privado entre la persona y Dios).*

LA IDEA PRINCIPAL

Los cristianos crecemos conforme edificamos y somos edificados por otros miembros del cuerpo de Cristo. Según la Escritura, la forma para alcanzar madurez cristiana es mediante la iglesia.

PROFUNDIZANDO

En Efesios 4, el apóstol Pablo pasa de proclamar las riquezas de lo que Dios ha hecho por nosotros en Cristo a exhortar a los cristianos de Éfeso a caminar de una manera digna de su llamado (v. 1).

En los primeros seis versículos, Pablo exhorta a los Efesios a buscar la unidad de la iglesia, y luego en los versículos 7 al 10 comienza a explicar cómo Cristo ha dado dones a su iglesia. En los versículos 11 al 16 Pablo continúa,

> [11] Y él mismo constituyó a unos, apóstoles; a otros, profetas; a otros, evangelistas; a otros, pastores y maestros, [12] a fin de perfeccionar a los santos para la obra del ministerio, para la edificación del cuerpo de Cristo, [13] hasta que todos lleguemos a la unidad de la fe y del conocimiento del Hijo de Dios, a un varón perfecto, a la medida de la estatura de la plenitud de Cristo; [14] para que ya no seamos niños fluctuantes, llevados por doquiera de todo viento de doctrina, por estratagema de hombres que para engañar emplean con astucia las artimañas del error, [15] sino que siguiendo la verdad en amor, crezcamos en todo en aquel que es la cabeza, esto es, Cristo, [16] de quien todo el cuerpo, bien concertado y unido entre sí por todas las coyunturas que se ayudan mutuamente, según la actividad propia de cada miembro, recibe su crecimiento para ir edificándose en amor.

1. *¿Por qué Cristo dio apóstoles, profetas, evangelistas, pastores y maestros a la iglesia?*

2. *¿Quién hace «la obra del ministerio»? ¿Quién se supone que debe edificar el cuerpo de Cristo (v. 12)?*

3. *¿De qué manera los versículos 11 y 12 deberían impactar lo que esperamos que hagan nuestros pastores?*

4. *Según Pablo, ¿cuál es el objetivo de edificar el cuerpo de Cristo (vv. 13-14)? ¿De qué formas diferentes Pablo describe este objetivo?*

5. *¿Sobre qué amenaza contra la madurez de la iglesia advierte Pablo en el verso 14?*

6. *La imagen que presenta Pablo de un niño espiritual que es llevado de un lado a otro por una mala doctrina y por la astucia humana es bastante gráfica. Irónicamente, la diferencia entre los niños reales y los niños espirituales es que los niños espirituales no siempre reconocen su inmadurez. Considerando lo que Pablo dice en el versículo 14, ¿cuáles serían algunas señales concretas de inmadurez espiritual en la vida de una persona?*

7. *¿A través de qué medios Pablo exhorta a la iglesia de Éfeso a combatir la amenaza de la falsa enseñanza (vv. 15-16)?*

8. *¿De qué formas concretas puedes ayudar a otros a crecer en su conocimiento de Cristo y en su resistencia a los vientos de doctrina y esquemas humanos?*

9. *¿A partir de quién crece el cuerpo de Cristo (vv. 15-16)?*

10. *¿Cómo crece el cuerpo de Cristo (v. 16)?*

11. *¿Qué nos enseña este pasaje acerca de la naturaleza del crecimiento cristiano?*

12. *¿De qué manera este pasaje confronta a aquel que se considera un cristiano llanero solitario?*

13. *¿De qué forma un compromiso a edificar el cuerpo de Cristo, comunicando la verdad en amor, debería impactar:*
   a) Nuestro entendimiento del «ministerio»?

b) Nuestras finanzas?

c) La manera de usar nuestro tiempo?

d) Lo que hacemos los domingos en la mañana? ¿Los domingos por la tarde? ¿Otras noches durante la semana?

UNA IGLESIA DISTINTA

PARA EMPEZAR

Algunos líderes de iglesias hablan como si la iglesia necesitara hacer todo lo posible para parecerse y actuar como el mundo para ser exitosa. Por supuesto, estos líderes no desean que la iglesia imite *moralmente* al mundo, pero sí quieren que la música, las estructuras de liderazgo, la apariencia física y la manera de hablar de la iglesia hagan que los que no son cristianos se sientan como en casa, que se sientan como si pertenecieran.

Es verdad que la Biblia llama a los cristianos a adaptarse a las preferencias culturales de los demás para así evitar cualquier ofensa innecesaria en el camino del evangelio (1 Co. 9:19-23). No obstante, el impulso de tratar de hacer que los no creyentes se sientan tan cómodos como sea posible dentro de la iglesia puede ser peligroso. Esto puede llevarnos a restar importancia a las maneras en que la iglesia debe ser *distinta* al mundo.

1. *¿De qué formas crees que la iglesia debería ser distinta al mundo?*

LA IDEA PRINCIPAL

Dios llama a la iglesia a ser distinta al mundo a través de nuestra fe en el evangelio y en la conformidad a su carácter.

PROFUNDIZANDO

En Mateo 5:13-16, Jesús le dice a sus discípulos,

> [13] Vosotros sois la sal de la tierra; pero si la sal se desvaneciere, ¿con qué será salada? No sirve más para nada, sino para ser echada fuera y hollada por los hombres. [14] Vosotros sois la luz del mundo; una ciudad asentada sobre un monte no se puede esconder. [15] Ni se enciende una luz y se pone debajo de un almud, sino sobre el candelero, y alumbra a todos los que están en casa. [16] Así alumbre vuestra luz delante de los hombres, para que vean vuestras buenas obras, y glorifiquen a vuestro Padre que está en los cielos.

El tema común en las imágenes de la sal y la luz es que los discípulos de Jesús deben ser diferentes al mundo y ser así una bendición para el mundo. La sal preserva y da sabor debido a su salinidad diferenciadora. La sal debe retener esa cualidad distintiva o de otro modo no sirve para nada. Igualmente, la luz brilla con esplendor, iluminando el camino de las personas porque se destaca en medio de la oscuridad que le rodea.

Una iglesia distinta

¿Cómo debemos ser distintos? Considera lo que Jesús dijo en los versículos justo antes de sus palabras referentes a la sal y a la luz:

3 Bienaventurados los pobres en espíritu, porque de ellos es el reino de los cielos.

4 Bienaventurados los que lloran, porque ellos recibirán consolación.

5 Bienaventurados los mansos, porque ellos recibirán la tierra por heredad.

6 Bienaventurados los que tienen hambre y sed de justicia, porque ellos serán saciados.

7 Bienaventurados los misericordiosos, porque ellos alcanzarán misericordia.

8 Bienaventurados los de limpio corazón, porque ellos verán a Dios.

9 Bienaventurados los pacificadores, porque ellos serán llamados hijos de Dios.

10 Bienaventurados los que padecen persecución por causa de la justicia porque de ellos es el reino de los cielos.

11 Bienaventurados sois cuando por mi causa os vituperen y os persigan, y digan toda clase de mal contra vosotros, mintiendo.

12 Gozaos y alegraos, porque vuestro galardón es grande en los cielos; porque así persiguieron a los profetas que fueron antes de vosotros. (Mt. 5:3-12)

1. *¿Qué tienen en común ser pobres en espíritu, llorar, ser mansos, y tener hambre y sed de justicia (vv. 3-6)?*

2. *¿Qué tienen en común ser misericordiosos, limpios de corazón y pacificadores (vv. 7-9)?*

3. *¿Por qué piensas que las personas que viven y actúan de estas maneras serán perseguidas (vv. 10-11)?*

Una iglesia distinta

La diferencia que Jesús quiere en su pueblo está relacionada con la confianza de un corazón contrito y una obediencia alimentada por la fe. Él quiere que seamos mansos y misericordiosos, pobres de espíritu y pacificadores. Nuestra diferenciación del mundo comienza con el reconocimiento de que aparte de Cristo estamos absolutamente perdidos y rotos, siendo completamente pecadores. Nuestra diferencia del mundo comienza, en otras palabras, con el arrepentimiento del pecado y la confianza en que solo Cristo puede salvarnos.

Y aun cuando Jesús llama a sus seguidores a ser sal y luz en el mundo, no siempre vivimos de esta manera, ¿verdad?

A lo largo del libro de 1 Corintios, Pablo aplica el evangelio cuando los corintios estaban actuando más como gente mundana que como seguidores de Cristo. En los primeros cuatro capítulos Pablo se enfoca en sus actitudes equivocadas hacia los líderes cristianos, que estaban resultando en facciones y divisiones dentro de la iglesia.

Entonces en el capítulo 5, Pablo aborda un error moral grave de parte de toda la iglesia. Él escribe,

[1] De cierto se oye que hay entre vosotros fornicación, y tal fornicación cual ni aun se nombra entre los gentiles; tanto que alguno tiene la mujer de su padre. [2] Y vosotros estáis envanecidos. ¿No debierais más bien haberos lamentado, para que fuese quitado de en medio de vosotros el que cometió tal

acción? ³ Ciertamente yo, como ausente en cuerpo, pero presente en espíritu, ya como presente he juzgado al que tal cosa ha hecho. ⁴ En el nombre de nuestro Señor Jesucristo, reunidos vosotros y mi espíritu, con el poder de nuestro Señor Jesucristo, ⁵ el tal sea entregado a Satanás para destrucción de la carne, a fin de que el espíritu sea salvo en el día del Señor Jesús. ⁶ No es buena vuestra jactancia. ¿No sabéis que un poco de levadura leuda toda la masa? ⁷ Limpiaos, pues, de la vieja levadura, para que seáis nueva masa, sin levadura como sois; porque nuestra pascua, que es Cristo, ya fue sacrificada por nosotros. ⁸ Así que celebremos la fiesta, no con la vieja levadura, ni con la levadura de malicia y de maldad, sino con panes sin levadura, de sinceridad y de verdad. ⁹ Os he escrito por carta, que no os juntéis con los fornicarios; ¹⁰ no absolutamente con los fornicarios de este mundo, o con los avaros, o con los ladrones, o con los idólatras; pues en tal caso os sería necesario salir del mundo. ¹¹ Más bien os escribí que no os juntéis con ninguno que, llamándose hermano, fuere fornicario, o avaro, o idólatra, o maldiciente, o borracho, o ladrón; con el tal ni aun comáis. ¹² Porque ¿qué razón tendría yo para juzgar a los que están fuera? ¿No juzgáis vosotros a los que están dentro? ¹³ Porque a los que están fuera, Dios juzgará. Quitad, pues, a ese perverso de entre vosotros. (1 Co. 5:1-13)

En otro volumen de esta serie titulado *Guardándonos unos a otros*, exploramos en mayor profundidad las instrucciones de Pablo para sacar a este hombre pecador de la iglesia. En este estudio nos enfocaremos en lo que este pasaje, especialmente los últimos cinco versículos, ordena a la iglesia: *ser* un pueblo diferente al mundo.

4. *Lee los versículos 9-10. ¿Qué le dijo Pablo a los corintios en cuanto a lo que debían hacer, en una carta anterior?*

5. *¿Quiso decir Pablo que los corintios no debían relacionarse en absoluto con los no creyentes que vivían de esa manera?*

6. *¿Qué instrucciones específicas dio Pablo a los corintios en los versículos del 11 al 13?*

7. *En el versículo 11, Pablo declara enfáticamente, «Más bien os escribí que no os juntéis con ninguno que, llamándose hermano, fuere fornicario, o avaro, o idólatra, o maldiciente, o borracho, o ladrón; con el tal ni aun comáis».*

¿Por qué piensas que Pablo da instrucciones opuestas en cuanto a cómo los corintios deben tratar a una persona inmoral que no dice ser creyente y una que si lo hace?

8. *Lee los versículos 1-2. ¿A quién hace Pablo responsable de mantener la pureza de la iglesia?*

9. *¿Qué dice esto acerca de tu responsabilidad con la iglesia de la cual eres miembro?*

10. *Según el versículo 2, los corintios no solo toleraron la inmoralidad de este hombre, ¡sino que se enorgullecieron de su «tolerancia»! Por esto Pablo reprende a toda la iglesia, por aprobar dicho comportamiento.*

Pero esta clase de jactancia pública no es la única manera en la que una iglesia aprueba la conducta de alguien. Más bien, la misma membresía de la iglesia es el respaldo de la iglesia, por decirlo así, en cuanto a que una persona es cristiana. Por tanto, la iglesia no tiene que jactarse sobre el comportamiento inmoral del miembro para respaldarlo; simplemente el permitir a una persona permanecer como miembro de la iglesia es un respaldo suficiente.

¿Qué mensaje envía al mundo una iglesia que aprueba un comportamiento radicalmente inmoral, como la inmoralidad sexual, la codicia, la idolatría, las borracheras o la estafa (véase v. 11)?

11. *Por otro lado, ¿qué mensaje envía al mundo una iglesia cuya vida conjunta se caracteriza por el amor, la unidad, el perdón y la santidad (véase Jn. 13:34-35; 17:20-21)?*

No perfección, pero sí arrepentimiento

La exhortación de Pablo de no asociarse con ninguno que profese ser creyente, pero que practique los comportamientos mencionados en el versículo 11, *no* significa que una iglesia debería estar constituida solamente de personas perfectas. ¡Justo lo contrario! Recuerda que Jesús dice que debemos ser espiritualmente pobres, llorar y ser mansos. Todo esto implica la presencia continua de pecado en nuestras vidas, y nos recuerda que somos salvos por la obra de Cristo, no por las nuestras.

La enseñanza de Pablo en este pasaje no es que la iglesia debería excluir a las personas imperfectas, sino a aquellas cuyo pecado es tan grave y con tal falta de arrepentimiento que el pecado mismo mina su afirmación de ser cristianos para empezar.

El objetivo es que la iglesia sea distinta al mundo. Debería brillar con el carácter santo y justo de Dios, dando así testimonio del evangelio que predicamos.

12. *¿De qué maneras podemos contribuir personalmente a la diferenciación de la iglesia en su tarea de reflejar el carácter de Dios al mundo?*

LA IGLESIA QUE GLORIFICA A DIOS

PARA EMPEZAR

1. *En Mateo 16:18 Jesús dice que él edificará su iglesia y que las puertas del infierno no prevalecerán contra ella.* ¿Por qué crees *que Jesús estableció* una iglesia *en vez de un montón de individuos sin relación entre ellos?*

LA IDEA PRINCIPAL

Dios llama a la iglesia a mostrar su gloria al mundo reflejando su carácter. La iglesia es central en los propósitos salvadores de Dios, porque es el lugar donde él hace que su nombre sea conocido y su gloria sea mostrada.

PROFUNDIZANDO

Podemos comenzar respondiendo a la pregunta de por qué Jesús estableció una iglesia, yendo al Antiguo Testamento y considerando por qué Dios prometió salvar a su pueblo.

En Ezequiel 36:26-27 Dios prometió,

²⁶ Os daré corazón nuevo, y pondré espíritu nuevo dentro de vosotros; y quitaré de vuestra carne el corazón de piedra, y os daré un corazón de carne. ²⁷ Y pondré dentro de vosotros mi Espíritu, y haré que andéis en mis estatutos, y guardéis mis preceptos, y los pongáis por obra.

Esta es la promesa del nuevo pacto, el cual Jesús dijo que cumpliría a través de su muerte (Lc. 22:20; véase también Jer. 31:31-34). Pero fíjate en lo que Dios dice en Ezequiel inmediatamente antes de la promesa de una obra salvadora nueva y decisiva:

²² Por tanto, di a la casa de Israel: Así ha dicho Jehová el Señor: No lo hago por vosotros, oh casa de Israel, sino por causa de mi santo nombre, el cual profanasteis vosotros entre las naciones adonde habéis llegado. ²³ Y santificaré mi grande nombre, profanado entre las naciones, el cual profanasteis vosotros en medio de ellas; y sabrán las naciones que yo soy Jehová, dice Jehová el Señor, cuando sea santificado en vosotros delante de sus ojos. (36:22-23)

Escuchamos exactamente el mismo mensaje acerca de por qué Dios salva a su pueblo en Isaías 48:9-11:

⁹ Por amor de mi nombre diferiré mi ira, y para alabanza mía la reprimiré para no destruirte. ¹⁰ He aquí te he purificado, y no como a plata; te he escogido en horno de aflicción. ¹¹ Por mí, por amor de mí mismo lo haré, para que no sea amancillado mi nombre, y mi honra no la daré a otro.

1. *Basado en estos dos últimos pasajes, ¿de qué manera resumirías la motivación de Dios para actuar a favor de su pueblo, con el propósito de salvarlos?*

2. *¿Significa esto que Dios no nos salva porque nos ama? ¿Y significa esto que Dios es egoísta?*

En el resto de este estudio, veremos brevemente tres pasajes del Nuevo Testamento que dicen lo mismo pero desde un ángulo diferente, en cuanto a la razón por la que Jesús estableció la iglesia. Específicamente, los tres pasajes que consideraremos nos dan tres razones específicas por las que Jesús estableció la iglesia.

Razón 1: Mostrar la sabiduría de Dios

En el Nuevo Testamento, vemos que el propósito de Dios de mostrar su gloria se cumple a través de la iglesia. Tal y como escribe Pablo en Efesios 3:10-11.

> [10] para que la multiforme sabiduría de Dios sea ahora dada a conocer por medio de la iglesia a los principados y potestades en los lugares celestiales, [11] conforme al propósito eterno que hizo en Cristo Jesús nuestro Señor.

Es a través de *la iglesia*, dice Pablo, que Dios ahora muestra su abundante sabiduría a los gobernantes y a las autoridades en los lugares celestiales. ¡Él muestra su gloria ante todo el universo a través del pueblo que él ha reconciliado consigo mismo en Cristo!

3. *¿Qué tiene la iglesia que permite que la sabiduría de Dios sea reflejada? (Pista: Encontrarás la respuesta que Pablo tiene en mente de forma específica en Ef. 2:11-16 y 3:4-6).*

Razón 2: Mostrar el amor de Dios

En Juan 13, Jesús lava los pies de sus discípulos como un ejemplo de servicio humilde y amor, y los instruye a seguir su ejemplo (vv. 14-15). Luego, en los versículos 34 y 35 les dice:

[34] Un mandamiento nuevo os doy: Que os améis unos a otros; como yo os he amado, que también os améis unos a otros. [35] En esto conocerán todos que sois mis discípulos, si tuviereis amor los unos con los otros.

4. *¿Qué mandamiento da Jesús a sus discípulos en este pasaje?*

5. *Según Jesús, ¿qué pasará cuando sus discípulos obedezcan este mandato?*

6. *¿De qué manera nuestro amor unos por otros muestra la gloria de Dios?*

Razón 3: Mostrar la unidad de Dios

En Juan 17:20-23, Jesús ora:

> [20] Mas no ruego solamente por éstos, sino también por los que han de creer en mí por la palabra de ellos, [21] para que todos sean uno; como tú, oh Padre, en mí, y yo en ti, que también ellos sean uno en nosotros; para que el mundo crea que tú me enviaste. [22] La gloria que me diste, yo les he dado, para que sean uno, así como nosotros somos uno. [23] Yo en ellos, y tú en mí, para que sean perfectos en unidad, para que el mundo conozca que tú me enviaste, y que los has amado a ellos como también a mí me has amado.

7. *¿Para qué ora Jesús por sus discípulos en este pasaje?*

8. *¿Qué resultado ve Jesús cuando Dios responde su oración por la unidad de sus discípulos (véase vv. 21, 23)?*

Es en la iglesia local donde el amor y la unidad por la que Jesús ora en cuanto a sus discípulos llegaría a su expresión más plena y concreta. Cuando los cristianos se comprometen a amarse unos a otros, a llevarse las cargas mutuamente, a someterse unos a otros, a motivarse e instruirse, y a preservar la unidad de la fe —esto *es* la membresía de la iglesia— la gloria de Dios se muestra en su vida juntos.

9. *¿De qué manera la unidad de una iglesia local muestra la gloria de Dios?*

10. *¿Por qué razones comunes van las personas a la iglesia? Según los pasajes que estudiamos hoy, ¿por qué deberíamos anhelar ir a la iglesia?*

Es en la iglesia local donde la sabiduría, el amor, y la unidad de Dios se muestran de una manera más concreta y visible, ya que personas que son muy diferentes a los ojos del mundo adoran a Dios juntas, se sirven unas a otras, y se edifican en el conocimiento de Cristo.

Es por esto que la iglesia local es un aspecto tan crucial en el plan de salvación de Dios: es donde Dios pretende mostrar su gloria a un mundo que observa.

APUNTES DEL MAESTRO PARA LA SEMANA 1

PROFUNDIZANDO

1. Pablo enseña que estábamos «lejos» (v. 17), y que éramos extranjeros y advenedizos (v. 19). Ambas ilustraciones comunican que en nuestro estado perdido no solo estábamos alejados de Dios, sino que también estábamos separados y excluidos del pueblo de Dios.

2. En el versículo 19 Pablo enseña que ahora somos «conciudadanos de los santos» y miembros de la familia de Dios. Estas frases indican que cuando nos convertimos en cristianos no solo fuimos reconciliados con Dios, sino que fuimos integrados en la comunión de su pueblo.

3. Como cristianos, *no* deberíamos vernos a nosotros mismos como individuos autónomos. Más bien, deberíamos vernos como conciudadanos del pueblo de Dios y miembros de la familia de Dios. Aunque retenemos nuestra identidad y responsabilidades individuales, también asumimos la nueva identidad y las responsabilidades que pertenecen al pueblo de Dios. Por ejemplo, Pablo dice que somos «edificados para morada de Dios en el Espíri-

tu». Esto significa que el Espíritu de Dios mora entre nosotros, especialmente a través de nuestra unidad. Hay cosas que somos juntos, que no somos cuando estamos separados.

4. Segunda de Corintios 6 enseña que los cristianos son:

• El templo de Dios (v. 16)
• El pueblo de Dios (v. 16)
• Los hijos de Dios (v. 18)

5. El término «pueblo de Dios» significa que los cristianos son posesión de Dios y que el mundo nos identificará con él. Su nombre está en nosotros, y lo que hagamos hará pensar al mundo de una forma u otra en cuanto a él.

A la luz de esto, estamos obligados a separarnos de lo que no es santo. En términos generales, estamos obligados a obedecer a Dios, a buscar la santidad, y a reflejar el carácter de Dios al mundo. Observa, por ejemplo, Éxodo 19:5-6, donde Dios le dice a Israel que él los redimió de Egipto para que se convirtieran en un «reino de sacerdotes, y gente santa». Fueron llamados a mostrar al mundo cómo es él.

6. El pueblo de Dios debe representar el carácter *de Dios*. Esto contradice y cambia nuestro deseo de ser autónomos (que se rige

por sus propias leyes), porque esto significa que estamos llamados a someternos a la voluntad de Dios en todas las cosas.

7. Posibles respuestas para la pregunta (a): ya no somos autónomos sino que debemos comprometernos con otros cristianos uniéndonos a una iglesia local y viviendo fielmente en esa iglesia. Debemos llevar las cargas los unos de los otros y regocijarnos juntos (véase Ro. 12:15; 1 Co. 12:26; Gá. 6:21). No somos llamados a buscar nuestro propio bien, sino el bien común porque reconocemos que, como pueblo, nos pertenecemos unos a otros.

Posibles respuestas para la pregunta (b) incluyen: reconoceríamos que debemos dar testimonio a los que no son cristianos siendo distintos a ellos. Aunque debemos amar y preocuparnos por los que no son cristianos, no deberíamos asociarnos con ellos de formas que comprometan el evangelio.

8. Posibles respuestas incluyen: seríamos más diligentes para buscar la unidad. Lucharíamos juntos buscando la santidad. Nos soportaríamos mutuamente con paciencia.

9. Las respuestas pueden variar.

10. Las respuestas pueden variar, pero deberían reflejar que, ya que Alyssa es miembro del pueblo de Dios, tiene una obligación

especial de obedecer a Dios en cada área de la vida. Esto incluye romper su relación con un no creyente (véase, por ejemplo, 2 Co. 6:14). Por tanto, de maneras apropiadas, los miembros individuales y, si es necesario, los líderes de la iglesia, deberían implicarse en ayudar a Alyssa a obedecer a Dios en esta área de su vida. En otras palabras, lo que Alyssa hace con su vida «privada» *es* asunto de la iglesia, porque Alyssa es miembro del pueblo de Dios. Todos nosotros somos llamados a reflejar el carácter santo de Dios en cada área de nuestras vidas.

APUNTES DEL MAESTRO PARA LA SEMANA 2

PROFUNDIZANDO

1. La metáfora general que Pablo usa en este capítulo es un cuerpo y sus miembros.

2. En los versículos 15 y 16, el pie y el oído dicen, «porque no soy _____ (mano/ojo), no soy parte del cuerpo». Esto expresa un sentimiento de inferioridad, de no ser necesario, y de sentirse excluido del cuerpo.

3. Pablo responde con dos puntos principales: (1) es la naturaleza misma de un cuerpo tener varios miembros. Si un cuerpo *no* tuviera varios miembros diferentes no sería un cuerpo (vv. 17, 19-20). Y (2) Dios es el que soberanamente ha determinado cómo los miembros deben organizarse (v. 18).

4. Las personas que son tentadas a pensar como el «pie» y como el «oído» deberían reconocer que son partes integrales del cuerpo. Sus dones únicos son importantes para el bienestar del cuerpo. Por tanto, no deberían sentirse excluidos del cuerpo ni tratar de excluirse a sí mismos de este. En vez de eso, deberían participar en la edificación del cuerpo.

5. En el versículo 21 el «ojo» y la «cabeza» dicen «no te necesito» a los demás miembros del cuerpo. Esto expresa autosuficiencia, independencia y arrogancia.

6. En la respuesta de Pablo hay dos puntos principales: (1) tratamos a las partes menos honorables y presentables de nuestros cuerpos físicos con especial honor, lo que significa que deberíamos tratar a los miembros «menos dignos» de la iglesia con especial honor (vv. 22-24a); y (2) Dios ha organizado deliberadamente el cuerpo así de esta forma, dando honor a las partes que no lo tienen, para que el cuerpo sea unificado y las diferentes partes cuiden unas de otras (vv. 24b-25).

7. En el versículo 22, Pablo dice que las partes del cuerpo que parecen más débiles son indispensables. Esto significa que deberíamos considerar a los miembros de la iglesia que no nos impresionan como esenciales para la salud del cuerpo, por lo que deberíamos darles especial honor y cuidado. Debemos reconocer que el cuerpo solo crecerá como debería cuando cada miembro funcione adecuadamente (Ef. 4:16), incluyendo aquellos miembros que tendemos a menospreciar o descuidar.

8. En este versículo, Dios tiene dos objetivos al organizar el cuerpo del modo que lo ha hecho: (1) para que no haya división en el

cuerpo; y (2) para que los miembros tengan la misma preocupación (cuidado) unos de otros. El versículo 26 ilustra esto destacando que si algún miembro sufre, los otros miembros deben sufrir con él, y si algún miembro es honrado, todos los otros miembros se regocijan con él.

9. Hay un abanico de respuestas apropiadas para esta pregunta. Por ejemplo, un cristiano llanero solitario está equivocado porque necesita al cuerpo para ser edificado, retado y responsable de rendir cuentas (véase He. 3:12, 10:24-25). También está equivocado porque *el cuerpo* lo necesita para poder funcionar de manera apropiada. En otras palabras, tener preocupación por las relaciones personales de las personas con Dios significa ayudar a otros cristianos a crecer y perseverar en la fe.

10-11. Las respuestas pueden variar.

APUNTES DEL MAESTRO PARA LA SEMANA 3

PROFUNDIZANDO

1. Las imágenes y metáforas que Pablo usa para describir la nueva unidad en Cristo de los judíos y los gentiles son:

- Conciudadanos
- Miembros de la familia de Dios
- Edificio/templo

2. En el versículo 20, Pablo escribe que la iglesia es edificada sobre el fundamento de los apóstoles y profetas. Esto se refiere al fundamento de enseñanza, autoritativo e inspirado por el Espíritu, que los apóstoles y los autores del Antiguo Testamento proporcionaron a la iglesia. Hoy en día tenemos la enseñanza autoritativa apostólica en el Nuevo Testamento. Este fundamento es esencial para la vida y salud de la iglesia porque el evangelio es lo que salva y crea a la iglesia, y la Biblia es el alimento que nutre el crecimiento cristiano.

3. No, un cristiano no está viviendo a la luz de esta verdad si no es miembro de una iglesia. Es más como un ladrillo solitario tirado en el suelo, que una piedra moldeada y unida a un templo.

4. Podríamos animar a dicho cristiano recordándole que nuestra identidad en Cristo —como una piedra en el templo— significa que estamos llamados a estar sólidamente comprometidos con, edificados en y unidos a las demás piedras del templo. Podríamos también animar a dicha persona para que se una a una iglesia, fundamentada en el mandato de ser santos, lo cual requiere que los cristianos se rindan cuentas unos a otros y se sometan unos otros. ¡Esto no es posible cuando una persona mantiene su autonomía y el derecho a irse en cualquier momento sin consecuencias!

5. El crecimiento numérico de la iglesia tiene lugar conforme las personas escuchan el evangelio, lo creen y son salvas (Hch. 2:41). El crecimiento espiritual de la iglesia ocurre a través de la Palabra de Dios, a medida que los creyentes hablan la verdad unos con otros en amor (Ef. 4:15-16).

6. El Espíritu Santo edifica el templo que es la iglesia.

7. El Espíritu Santo edifica su templo *en* Cristo.

8. El Espíritu Santo edifica su templo como lugar de morada *para* Dios el Padre.

9. Esto debería motivar a los cristianos por varias razones:
* Nos recuerda que, ya que estamos «en Cristo», hemos sido reconciliados con Dios y en consecuencia recibimos «toda bendición espiritual» (Ef. 1:3).
* Nos recuerda que edificar la iglesia es al final la labor del Espíritu.
* Nos apunta hacia el propósito y la promesa final de Dios, de que un día moraremos con su pueblo en perfecta comunión (Ap. 21:3-4).

10. El hecho de que la iglesia *es* un templo santo significa que:
   a) La iglesia debería entrevistar a los posibles miembros con el fin de conocer sus testimonios, discernir si comprenden y creen el evangelio, y asegurarse —hasta donde pueda la capacidad humana— de que no existe ninguna contradicción obvia entre su profesión de fe y cómo viven.
   b) La iglesia *debería* buscar activamente la supervisión de la vida de sus miembros. Y debería hacer esto para animarlos y hacerlos responsables de vivir, por la gracia de Dios, de una manera digna de su llamado a ser el pueblo santo de Dios.
   c) La iglesia debería obedecer a Jesús excluyendo de la membresía de la iglesia a cualquier cristiano profesante que no se arrepienta de su pecado (véase Mt. 18:15-20).

11. Las respuestas pueden variar, pero la idea principal en todo esto es que deberíamos buscar participar en la vida de la iglesia de tal manera que crezcamos en santidad y ayudemos a otros miembros de la iglesia a hacer lo mismo.

APUNTES DEL MAESTRO PARA LA SEMANA 4

PROFUNDIZANDO

1. Este nuevo pacto difiere del nuevo en que:

- La ley será escrita en los corazones de las personas, capacitándolas para guardarla (v. 33).
- Todo el pueblo de Dios conocerá al Señor personalmente (v. 34).
- Dios perdonará sus pecados de manera decisiva y final (v. 34).

2. Dadas las realidades del nuevo pacto,
   a) Nadie puede ser cristiano y nunca crecer espiritualmente. Ser miembro del nuevo pacto implica tener la ley de Dios escrita en tu corazón y su Espíritu en ti (véase Ez. 36:27), permitiéndote vivir una vida cada vez más santa.

   b) Esto *no* significa que cada día de nuestras vidas se caracterizarán por un crecimiento notorio y dramático. Algunos días, semanas y meses serán mejores que otros. Pero el crecimiento espiritual debería ser la tendencia general de nuestras vidas en el transcurso de los años.

3. Estos pasajes transmiten la expectativa de que cada miembro de la iglesia crecerá espiritualmente y contribuirá al crecimiento de todo el

cuerpo de la iglesia. Pedro espera que cada creyente ofrezca «sacrificios espirituales» que sean aceptables a Dios, y Pablo dice que el cuerpo crece a través de la contribución de cada miembro en particular.

4. Este crecimiento no sucede por nosotros mismos. Más bien, los cristianos crecen *juntos* conforme cada miembro contribuye al crecimiento del cuerpo.

5. Cuando Pablo predicó el evangelio a los tesalonicenses, ellos lo recibieron en medio de mucha aflicción, pero aun así respondieron con gozo (v. 6). Esto significa que gozosamente abrazaron el evangelio a pesar de que fueron perseguidos por su fe. Además, se volvieron de los ídolos para servir al Dios vivo y verdadero (v. 9).

6. Un verdadero cristiano comienza una nueva vida de confianza en Cristo, apartándose del pecado y obedeciendo a Dios de corazón. Un cristiano nominal puede tener la apariencia de estas cosas, pero su corazón no ha sido verdaderamente cambiado. Con el tiempo, esa falta de un corazón cambiado se manifestará en un fracaso a la hora de crecer espiritualmente.

7. Pablo atribuye sus respuestas al poder del Espíritu Santo (vv. 5-6). Esto no deja espacio para la jactancia porque nuestra salvación depende completamente de la gracia de Dios y su poder.

8. El hecho de que los tesalonicenses recibieron el evangelio bajo mucha aflicción, testifica de la genuinidad de su fe porque muestra que estuvieron dispuestos a sufrir por la causa de Cristo tan pronto recibieron el evangelio. Cuando fueron confrontados inmediatamente por el sufrimiento por la causa de Cristo, escogieron creer y sufrir antes que acomodarse rechazando a Cristo. En consecuencia, el precio que pagaron por ser cristianos testifica que su fe era genuina.

9. La fe de los tesalonicenses los motivaba a:

- Las obras de fe y las labores de amor (v. 3)
- Proclamar el evangelio (v. 8a)
- Servir al Dios verdadero (v. 9)
- Esperar el regreso de Cristo (v. 10)

10. Si percibes una falta de gozo, una falta de convicción y una falta de alejamiento de los ídolos en tu vida, entonces la solución es confiar en Cristo, aferrándote al él por fe. En vez de desesperarte, vuélvete a Cristo con fe porque él es un Salvador para los pecadores.

11-12. Las respuestas pueden variar.

APUNTES DEL MAESTRO PARA LA SEMANA 5

PROFUNDIZANDO

1. Cristo dio a la iglesia apóstoles, profetas, evangelistas, pastores y maestros para equipar a los santos para la obra del ministerio, para que así todos los santos pudieran edificar el cuerpo de Cristo (v. 12). Cristo los dio como dones a la iglesia para que enseñaran, entrenaran y equiparan a la iglesia, para que *cada* miembro fuese capaz de contribuir al crecimiento del cuerpo.

2. Todos los santos hacen la obra del ministerio (v. 12). Cada miembro de la iglesia debe edificar el cuerpo.

3. A continuación se mencionan dos maneras en las que los versículos 11 y 12 deberían impactar nuestras expectativas para nuestros pastores:

- Primero, a la luz de estos versículos, deberíamos esperar que nuestros pastores se dediquen a la enseñanza de la Palabra, entrenando y equipando a los santos para el servicio.

- Segundo, esto significa que *no* deberíamos esperar que ellos hagan toda la obra del ministerio *para* la iglesia, sino que equipen al cuerpo para edificarse en amor.

4. Según Pablo, el objetivo de edificar el cuerpo es que todo el cuerpo sea maduro en Cristo. Pablo describe esta madurez en términos de estar unidos en lo que se cree (v. 13), alcanzar la plenitud de la medida de la madurez de Cristo (v. 13), y ser sanos y estables doctrinalmente para resistir las falsas enseñanzas (v. 14).

5. En el versículo 14, Pablo advierte acerca de la falsa enseñanza como una amenaza a la salud de la iglesia. Observa que tal falsa enseñanza no es siempre obvia: busca trastornar la iglesia a través de «la astucia» y «artimañas», lo cual significa que debemos estar siempre alertas en contra de esto.

6. Existen varias señales de inmadurez: ser fácilmente atrapados por nuevas ideas, libros o enseñanzas; emocionarnos fácilmente por las personalidades carismáticas; llegar a conclusiones drásticas tan pronto llegan las dificultades; ser fácilmente influenciados por otros; tener la tendencia de creer a las emociones más que a la verdad; desmotivarnos rápidamente cuando las emociones no siempre estén alineadas con la verdad; y así sucesivamente.

7. Pablo exhorta a los efesios a enfrentar la amenaza de la falsa enseñanza hablando la verdad en amor (v. 15). Esto significa que cada cristiano está llamado a resistir la falsa doctrina y promover la sana doctrina hablando la verdad a otros. En consecuencia, de alguna manera, *cada* cristiano debe enseñar la Biblia a otros.

8. Las respuestas pueden variar.

9. El crecimiento del cuerpo viene *de Cristo*.

10. El cuerpo de Cristo crece:

- Conforme hablamos la verdad en amor unos a otros (v. 15)
- Conforme cada articulación mantiene el cuerpo unido (v. 16; esto podría ser una referencia al papel especial que los pastores y los maestros tienen de equipar al cuerpo)
- Conforme *cada* parte, esto es, cada miembro de la iglesia, funciona apropiadamente (v. 16)

11. Este pasaje enseña varias cosas sobre el crecimiento cristiano.

- La tarea de los pastores y maestros es equipar a los cristianos para *ayudarles* a ayudar a otros a crecer (vv. 11-12).
- El crecimiento cristiano significa crecimiento en el conocimiento de Cristo (vv. 13-14)
- Hablar la verdad en amor es el medio a través del cual debemos ayudar a otros a crecer (vv. 15-16)
- El crecimiento cristiano es profundamente colectivo: cada miembro del cuerpo contribuye al crecimiento de la iglesia, lo cual significa que cada miembro del cuerpo debería ayudar a otros y ser ayudado por otros a crecer.

- El crecimiento cristiano —específicamente el crecimiento de la iglesia como un todo colectivo— viene *de Cristo* (v. 16).

12. Este pasaje confronta al cristiano llanero solitario haciendo estallar la idea de que uno puede crecer mejor como cristiano por sí mismo. Este pasaje enseña que todos crecemos en Cristo como miembros de un cuerpo, conforme cada miembro de ese cuerpo contribuye. El cristiano llanero solitario no solo se pierde la manera en que Dios quiere que crezca, sino que desobedece también al llamado de Dios a edificar a otros en la iglesia a través de relaciones de compromiso y responsabilidad.

13. Un compromiso a edificar el cuerpo de Cristo debería tener estas implicaciones (entre otras):

a) ¡Deberíamos entender el ministerio como algo que cada miembro de la iglesia está llamado a hacer, no solo los pastores!

b) Deberíamos darnos gozosamente a nuestra iglesia local en el trabajo de llevar a los santos a la madurez en Cristo, y deberíamos ver nuestras finanzas como una mayordomía de Dios para ser usadas no solo para proveernos a nosotros mismos sino también para contribuir a la obra del evangelio.

c) De manera muy práctica, deberíamos programar intencionadamente en nuestras agendas tiempos de conversaciones espirituales, oración, estudio bíblico *con otros cristianos*, para edificar al cuerpo de Cristo hablando la verdad en amor.

d) Los domingos en la mañana, antes que todo, deberíamos reunirnos regularmente con el pueblo de Dios. Segundo, deberíamos asistir a las reuniones de la iglesia como una oportunidad para adorar a Dios, ser edificados en la fe, y servir a otros para edificarlos en el conocimiento de Cristo. En la práctica, esto significa asistir a la iglesia con una visión de servicio a otros. ¿Puedes ayudar con lo que hace falta hacer? ¿Puedes saludar a las personas que parecen ser visitantes, conocerlas, tal vez presentarlas a alguien con quien puedan conectar bien? ¿Puedes conocer al miembro de la iglesia que parece estancado y al margen de la vida de la iglesia? ¿Puedes acercarte a alguien después del sermón con una reflexión de ánimo sobre el pasaje de la Escritura que se expuso durante esa mañana? Este tipo de actividades deberían realizarse tras las reuniones y, de hecho, durante toda la semana.

APUNTES DEL MAESTRO PARA LA SEMANA 6

PROFUNDIZANDO

1. Todas estas cosas reflejan nuestra pecaminosidad, pobreza espiritual, y necesidad de un Salvador. A diferencia del mundo, que se gloría en el orgullo y en la autosuficiencia, los seguidores de Jesús reconocen que somos totalmente dependientes de él para ser salvos. Por tanto:

- Deberíamos ser pobres en espíritu, reconociendo nuestra pecaminosidad.
- Deberíamos llorar por nuestro pecado y sus efectos.
- Deberíamos ser mansos, reconociendo lo lejos que estamos de la gloria de Dios.
- Deberíamos tener hambre y sed de justicia, reconociendo que no la tenemos en nosotros mismos, pero que Cristo es capaz de suplir lo que nos falta.

2. Todas estas son virtudes y acciones que reflejan el carácter de Dios. Dios es misericordioso con nosotros. Dios es completamente puro. Dios es el gran pacificador, que envió a Cristo al mundo para reconciliar a sus enemigos consigo mismo. Estas son maneras

en que aquellos que siguen a Cristo reflejarán positivamente el carácter de Dios.

3. Las respuestas pueden variar. Una razón por la que las personas que actúan de esta manera serán perseguidas es que al pecado le encanta la oscuridad y odia ser expuesto (Jn. 3:20). Cuando las personas lloran por su pecado, son pobres en espíritu y viven de tal manera que reflejan el carácter de Dios, el pecado de otros es expuesto, lo cual a su vez provoca una hostilidad defensiva.

4. En una carta previa, Pablo le dijo a los corintios que no se asociaran con ninguna persona sexualmente inmoral, refiriéndose a aquellos cristianos profesantes que eran sexualmente inmorales (o inmorales en cualquier otra forma mencionada en el versículo 10).

5. Pablo *no* quiso decir que los corintios debían separarse de no creyentes que se comportaran de estas maneras, sino solo de aquellos que profesaban ser cristianos y hacían estas cosas.

6. En el versículo 11, Pablo reitera sus instrucciones previas a los corintios, o sea, que no debían asociarse o aun comer con aquellos que profesan ser cristianos pero que tienen vidas marcadas por un comportamiento gravemente inmoral. En el versículo 12, él explica que los corintios debían juzgar a aquellos que están dentro de la iglesia.

Esto no significa que debían de ser vengativos o legalistas, o pensar que su juicio sería la última palabra acerca de una persona. Pero sí significa que debían hacer que los miembros de su iglesia fuesen responsables para vivir vidas cristianas, rindiendo cuentas. Tal y como lo especifica el versículo 13, esto significa que los corintios deberían excluir de la membresía de la iglesia a cualquier persona que profesara la fe en Cristo pero que viviera de una manera radicalmente inmoral.

7. Pablo da instrucciones opuestas acerca de cómo los corintios debían relacionarse con no creyentes inmorales y cristianos profesantes inmorales, porque ¡él esperaba que solo los cristianos vivan como cristianos!

Está también claro que Pablo estaba preocupado por el testimonio colectivo de la iglesia ante el mundo. Es la persona que «lleva el nombre de hermano» la que debe ser excluida de la iglesia si persiste en grave inmoralidad. Pablo exhorta a la iglesia a separarse de esas personas porque si no da la impresión de que esta forma de vida es consistente con el hecho de ser cristiano. Si como cristianos vivimos como no creyentes, nuestras acciones mienten acerca de quién es Jesús y lo que él vino a hacer.

8. Pablo considera a toda la iglesia de los corintios como responsable de la pureza de la iglesia. En un sentido, cada miembro de la iglesia está fallando cuando la iglesia tolera, y por tanto aprueba, la inmoralidad.

9. Que Pablo considere a toda la iglesia responsable significa que tú eres responsable de mantener la sana enseñanza. Debes buscar la santidad. Y debes relacionarte espiritualmente con otros de tal forma que puedas animarles en la santidad, reprendiendo el pecado en sus vidas.

10. Cuando una iglesia tolera la inmoralidad grave, envía mensajes mentirosos al mundo:

- Que esta forma de vivir es consistente con ser cristiano
- Que aquellos que viven de esta manera pueden heredar el reino de los cielos (véase la declaración explícita de Pablo acerca de lo contrario en 1 Co. 6:9-11)
- Que el evangelio no es realmente poderoso para transformar a los pecadores
- Que Dios no está verdaderamente interesado en que vivamos vidas santas, y así sucesivamente

11. Cuando la vida de la iglesia se caracteriza por el amor, la unidad, el perdón y la santidad, envía al mundo este mensaje:

- Cristo *es* poderoso para transformar una vida de pecado
- Dios es santo, exige santidad, y le da a su pueblo el poder para vivir vidas santas

• Hay una diferencia radical entre aquellos que pertenecen a Cristo y los que no, y así sucesivamente

12. Las respuestas pueden variar.

APUNTES DEL MAESTRO PARA LA SEMANA 7

PROFUNDIZANDO

1. La motivación y el propósito de Dios en salvar a su pueblo es mostrar su gloria.

2. El hecho de que Dios nos salva para mostrar su gloria no descarta el hecho de que Dios nos salva porque nos ama (Juan 3:16). Dios nos salva por sus propias razones, no por algo bueno que hayamos hecho, sino para que demos a conocer las riquezas de su misericordia para personas que no la merecen (véase Romanos 9). En otras palabras, el mayor propósito de Dios al salvarnos —su motivo principal— es su propia gloria. ¿Significa esto que Dios es egoísta? ¡Ciertamente no! Aunque sería un error para cualquier ser humano actuar para alcanzar su propia gloria, es absolutamente correcto para Dios actuar para su propia gloria, porque Dios es infinitamente perfecto y glorioso. Solo su gloria, y no la de nadie más, debería ser nuestra mayor finalidad.

3. Según Pablo, la reconciliación entre judíos y gentiles manifiesta la sabiduría de Dios porque es en la iglesia —la iglesia local— donde estos dos grupos de personas, que estaban antes separados,

y eran hostiles el uno al otro, ahora se unen en un solo cuerpo. Hoy, podríamos aplicar esto de una manera más amplia a los miembros de la iglesia en general. La iglesia consiste en personas que no tienen nada en común sino a Cristo, y ahora se tratan los unos a los otros como hermanos y hermanas. Esta unidad es expresada en la iglesia de maneras prácticas y concretas, conforme estos que antes eran enemigos ahora se aman unos a otros, se sirven unos a otros, y llevan las cargas los unos de los otros. Así, la sabiduría de Dios se muestra en que él es capaz de hacer que enemigos se conviertan en hermanos, lo cual se muestra en la práctica a través de la vida de la iglesia.

4. En este pasaje Jesús le ordena a sus discípulos que se amen unos a otros como él los amó (v. 34).

5. Cuando los discípulos de Jesús obedecen este mandato, todo el mundo sabrá que son sus discípulos (v. 35).

6. Nuestro amor unos por otros muestra la gloria de Dios en que nuestras acciones reflejan el propio carácter de Dios. Nuestro amor unos por otros también muestra la gloria de Dios en que manifiesta que la gracia de Dios es poderosa para transformarnos a nosotros, pecadores egoístas, en personas que dan voluntariamente sus vidas por los demás.

7. En este pasaje Jesús ora para que sus discípulos sean uno, así como él y el Padre son uno (véase vv. 21, 23).

8. El resultado de la unidad de los discípulos es que el mundo creerá que Dios envió a Cristo y sabrá que Dios ha amado a los discípulos de Jesús como él amó a Jesús (vv. 21, 23). Esto significa que el amor entre los discípulos mostrará al mundo algo de quién es Jesús, y testificará de su misión divina.

9. La unidad cristiana muestra la gloria de Dios en que proveemos una imagen de la unidad que existe entre el Padre, el Hijo, y el Espíritu Santo. Según la oración de Jesús, la unidad cristiana es en cierto sentido una demostración de la propia unidad de Dios. La unidad cristiana también muestra la gloria de Dios porque demuestra que el evangelio vence poderosamente todas las barreras que generalmente dividen a las personas.

10. Las respuestas pueden variar.

REFERENCIAS

LO QUE UNA IGLESIA ES... Y LO QUE NO ES

1. James Hay y Henry Belfrage, *Memoir of the Rev. Alexander Waugh* (Edinburgh: William Oliphant and Son, 1839), 64-65.

APUNTES PERSONALES

APUNTES PERSONALES

APUNTES PERSONALES

APUNTES PERSONALES

APUNTES PERSONALES

Made in United States
North Haven, CT
11 March 2024

49822353R00065